BEI GRIN MACHT SICH IHR WISSEN BEZAHLT

- Wir veröffentlichen Ihre Hausarbeit, Bachelor- und Masterarbeit

- Ihr eigenes eBook und Buch - weltweit in allen wichtigen Shops

- Verdienen Sie an jedem Verkauf

Jetzt bei www.GRIN.com hochladen und kostenlos publizieren

Bibliografische Information der Deutschen Nationalbibliothek:

Die Deutsche Bibliothek verzeichnet diese Publikation in der Deutschen Nationalbibliografie; detaillierte bibliografische Daten sind im Internet über http://dnb.d-nb.de/ abrufbar.

Dieses Werk sowie alle darin enthaltenen einzelnen Beiträge und Abbildungen sind urheberrechtlich geschützt. Jede Verwertung, die nicht ausdrücklich vom Urheberrechtsschutz zugelassen ist, bedarf der vorherigen Zustimmung des Verlages. Das gilt insbesondere für Vervielfältigungen, Bearbeitungen, Übersetzungen, Mikroverfilmungen, Auswertungen durch Datenbanken und für die Einspeicherung und Verarbeitung in elektronische Systeme. Alle Rechte, auch die des auszugsweisen Nachdrucks, der fotomechanischen Wiedergabe (einschließlich Mikrokopie) sowie der Auswertung durch Datenbanken oder ähnliche Einrichtungen, vorbehalten.

Impressum:

Copyright © 2014 GRIN Verlag, Open Publishing GmbH
Druck und Bindung: Books on Demand GmbH, Norderstedt Germany
ISBN: 978-3-668-17706-2

Dieses Buch bei GRIN:

http://www.grin.com/de/e-book/318064/verkehrserziehung-was-ziehe-ich-an-damit-man-mich-besser-sehen-kann

Christa Lenz

Verkehrserziehung: Was ziehe ich an, damit man mich besser sehen kann? (Sachunterricht, 1./2. Klasse)

GRIN Verlag

GRIN - Your knowledge has value

Der GRIN Verlag publiziert seit 1998 wissenschaftliche Arbeiten von Studenten, Hochschullehrern und anderen Akademikern als eBook und gedrucktes Buch. Die Verlagswebsite www.grin.com ist die ideale Plattform zur Veröffentlichung von Hausarbeiten, Abschlussarbeiten, wissenschaftlichen Aufsätzen, Dissertationen und Fachbüchern.

Besuchen Sie uns im Internet:

http://www.grin.com/

http://www.facebook.com/grincom

http://www.twitter.com/grin_com

Zentrum für schulpraktische Lehrerausbildung Kleve

Seminar Grundschule

Schriftliche Unterrichtsplanung zum 1. Unterrichtsbesuch

im Fach Sachunterricht

Thema der Unterrichtsreihe
„Sicher auf dem Schulweg"
Wir lernen uns am Straßenverkehr vielseitig und sicher zu beteiligen, sowie Gefahren einzuschätzen und zu vermeiden.

Thema der Unterrichtsstunde
„Was ziehe ich an, damit man mich besser sehen kann?"
Wir überprüfen durch die Durchführung eines Versuchs in Partnerarbeit, welche Farben bei Dunkelheit, Regen oder Nebel im Straßenverkehr gut sichtbar sind.

❖ **Einbettung der Stunde in die Unterrichtsreihe**

Zentrale Absichten der Reihe: „Sicher auf dem Schulweg"

- Erwerb grundlegender Kenntnisse über das Verhalten als Fußgänger im Straßenverkehr
- Bedeutung einer umsichtigen, sicherheits- und gefahrenbewussten Teilnahme am Straßenverkehr erfassen und benennen können
- Erwerb eines flexiblen, situationsbezogenen Verhaltens und die Fähigkeit zur Antizipation von Risiken im Straßenverkehr
- Einführung in erste kooperative Arbeitsformen und naturwissenschaftliche Methoden

Stunde	Thema	Zentrale Absicht
1.	Was gehört alles zu meiner Schule? – Die SuS lernen die Funktion einzelner Räume und Berufe in der Schule kennen, und führen „Aufgaben" innerhalb der Schule in Partnerarbeit durch. 25.08.2014	Die SuS sollen sich innerhalb der Schule selbstständig zurecht finden und die Funktion einzelner Räume, sowie Berufe in der Schule kennen.
2.	Mein Schulweg – Aktivierung des Vorwissens und Erhebung von Schülerfragen, sowie Orientierung in der Schulumgebung mit Hilfe von aktuellen Bildern und einer Zeichnung des eigenen Schulweges. 27.08.2014	Die SuS sollen ihr Vorwissen aktivieren, indem sie über ihren eigenen Schulweg reflektieren.
3	Was lenkt mich im Straßenverkehr ab? - Die SuS sammeln Situationen, die sie auf ihrem Schulweg vom Straßenverkehr ablenken könnten und stellen diese durch ein Rollenspiel nach. 03.09.2014	Die SuS erweitern ihr Wahrnehmungs- und Reaktionsvermögen, sie erkennen die Notwendigkeit, im Straßenverkehr aufmerksam zu sein.
4	Wie überquere ich eine Straße? - Die SuS schulen spielerisch das Unterscheiden von rechts/links, sammeln Verhaltensregeln zum sicheren Überqueren einer Fahrbahn (mit bzw. ohne Zebrastreifen u. Ampel) und setzen diese im Schonraum um. 04.09.2014	Die SuS sollen Verhaltensregeln zum Überqueren einer Fahrbahn kennen lernen und diese durch eine Simulation im Schonraum festigen können.

5	Wie überquere ich eine Straße? - Die SuS nutzen ihr Wissen aus der vorherigen Stunde und setzen die Verhaltensregeln zum Überqueren einer Fahrbahn im Straßenverkehr um.	Die SuS sollen Verhaltensregeln zum Überqueren einer Fahrbahn im Straßenverkehr umsetzen können.
6	08.09.2014 Was ziehe ich an, damit man mich besser sehen kann? - Wir überprüfen durch die Bearbeitung eines Versuchs in Partnerarbeit, welche Farben bei Dunkelheit, Regen oder Nebel im Straßenverkehr gut sichtbar sind.	Die SuS sollen gut bzw. schlecht zu sehende Farben bei Dunkelheit unterscheiden und benennen können. Ihnen soll bewusst werden, dass sie als Verkehrsteilnehmer stets sichtbar sein müssen, um ein Gefahrenrisiko zu vermindern.
7	09.09.2014 Welche Verkehrszeichen kenne ich? - Die SuS ordnen den ihnen bekannten Verkehrsschildern ihre Bedeutungen zu und finden gemeinsam die Bedeutung der unbekannten Schilder.	Die SuS sollen die Bedeutung der wichtigsten Verkehrsschilder für Fußgänger und Radfahrer kennen und ein Regelverständnis aufbauen.
8	Was ist eigentlich gut für die Umwelt? - Die SuS betrachten die verschiedenen Verkehrsmittel kritisch im Hinblick auf ihre Auswirkungen auf Klima und Umwelt.	Die SuS sollen sich kritisch mit der Umweltfrage im Straßenverkehr auseinandersetzen.
9	Wir machen einen Parcours - Die SuS befahren einen Rollbrettparcours im Schonraum.	Die SuS sollen in ihren koordinativen Grundfähigkeiten durch verschiedene Bewegungsangebote mit dem Rollbrett gefördert werden.
10	Polizeibesuch: Wir erkunden die Schulumgebung und zeigen was wir gelernt haben - Die SuS erkunden die Schulumgebung unter Anleitung eines Polizisten und vertiefen ihr erworbenes Wissen zum Thema „Sicher auf dem Schulweg".	Die SuS sollen ihre erworbenen und veränderten Konzepte festigen und sich über ihren eigenen Lernzuwachs bewusst werden.

❖ Zentrale Absicht der Stunde und Lernchancen

Meine Absicht

Die SuS sollen gut bzw. schlecht zu sehende Farben bei Dunkelheit unterscheiden und benennen können. Ihnen soll bewusst werden, dass sie als Verkehrsteilnehmer stets sichtbar sein müssen, um ein Gefahrenrisiko zu vermindern.

Im Sinne meiner formulierten Absicht eröffne ich folgende Lernchancen:

Auf der Ebene der Sacherfahrungen

Die SuS haben die Chance,

- mit Hilfe der Dunkelkammer die gut bzw. schlecht zu sehenden Farben zu überprüfen und zu unterscheiden.
- die gut (weiß, hellgrün, hellblau, orange, gelb) bzw. schlecht (schwarz, dunkelbraun, dunkelgrün, dunkelblau) zu sehenden Farben zu benennen.
- Merkmale sicherheitsorientierter Kleidung zu reflektieren und zu beschreiben.
- zu erkennen, dass helle Kleidung und Reflektoren sie vor Gefahren im Straßenverkehr schützen können.
- sich im Kommunizieren und äußern von Vermutungen zu schulen.

Auf der Ebene der Individualerfahrungen

Jede/r SchülerIn hat die Chance,

- eigene Konzepte zur Kleiderwahl bei Dunkelheit im Straßenverkehr zu festigen oder zu verändern (conceptual growth / change).
- sicherheitsorientierte Kleidung im Verkehr als bedeutsam zu erleben.
- nach seinem/ ihrem individuellem Lernniveau zu arbeiten und auszuprobieren.

Auf der Ebene der Sozialerfahrungen

Die SuS haben die Chance,

- durch den gemeinsamen Austausch die eigenen Grenzen der Vorstellung zu überwinden und neue Konzepte aufzubauen.
- die Partnerarbeit als unterstützende und entlastende oder herausfordernde Sozialform wahrzunehmen.

❖ Sachinformationen zur Stunde / Fachdidaktische Analyse / Analyse der Lernaufgabe

Ziel der Verkehrs- und Mobilitätserziehung in dieser Unterrichtsreihe ist es unter anderem die Bedeutung einer umsichtigen, sicherheits- und gefahrenbewussten Teilnahme am Straßenverkehr zu erfassen (vgl. Spitta 2005, S.7). Die Stunde „Was ziehe ich an, damit man mich besser sehen kann?" trägt dazu bei, dass die SuS die Fähigkeit zur Antizipation von Risiken im Straßenverkehr erwerben und Gefahren vermeiden. Sie verstehen, dass sie als Verkehrsteilnehmer stets sichtbar sein müssen, und setzen dies durch die Wahl der entsprechenden Kleidungsstücke bzw. Reflektoren um.

Im Herbst und Winter ist die Gefahr für Kinder besonders groß, von Autofahrern übersehen zu werden. Bei Unfällen mit Fußgängern bei Dunkelheit, Nebel oder Regen geben 90 Prozent aller Autofahrer an, die Passanten zu spät oder gar nicht gesehen zu haben (bei guten Sichtverhältnissen sind es nur 12 Prozent). Hieran wird deutlich, wie stark Verkehrsteilnehmer, insbesondere Kinder auf ihrem morgendlichen Schulweg gefährdet sind, denn Kinder können die Geschwindigkeit der Autos häufig noch nicht richtig einschätzen (vgl. Baader 2011, S.3).
Mit heller Kleidung lässt sich die Sichtbarkeit wesentlich verbessern, da dunkle Kleidung zu wenig reflektiert. Ein dunkel gekleideter Fußgänger wird erst auf eine Entfernung von 25 bis 30 Metern gesehen, während eine hell angezogene Person sich bereits aus einem Abstand von 40 bis 50 Metern erkennen lässt (vgl. ebd., S.4).
Noch effektiver sind retroreflektierende Materialien aller Art, die in Kinderkleidung eingearbeitet sind oder zusätzlich angebracht werden. Mit Reflektoren ausgestattete Personen sind bereits aus einer Entfernung von 130 bis 160 Metern zu erkennen (vgl. ebd., S.5).

In der vorliegenden Stunde können die SuS ihre Vorstellungen und Vermutungen zur Sichtbarkeit verschiedener Farben im Dunkeln äußern und anhand von einfachen Versuchen in Partnerarbeit überprüfen oder widerlegen. Sie sollen sich beraten und ihre Vorstellungen miteinander vergleichen, Widersprüche und Unstimmigkeiten beim Untersuchen erkennen und sprachlich verständlich darstellen. Ihre Ergebnisse sollen sie interpretieren und die Konsequenz auf sich selbst als Verkehrsteilnehmer beziehen und somit verstehen, dass helle Kleidung ein Unfallrisiko mindern kann. „Verstehensprozesse entstehen dann, wenn Wissensbestände sinnvoll aufeinander bezogen sind und mit bereits vorhandenen Wissensstrukturen verbunden werden [...]" (vgl. GDSU 2013, S. 21). Das Thema der Unterrichtsstunde knüpft an die Lebenswelt der Kinder an und ermöglicht ihnen eine Übertragung vorhandenen Wissens in neue Kontexte.

Im Anknüpfen, Aufgreifen und Verändern von Vorstellungen liegt der Schwerpunkt der Stunde. Die Präkonzepte von Kindern sowie von Erwachsenen können sehr gefestigt sein. Sie können sogar so stabil sein, dass die Kinder beim Durchführen von Versuchen nach Ergebnissen suchen, die ihren Erwartungen entsprechen. Um dies zu vermeiden, muss die Lehrperson über entsprechende Impulse kognitive Widersprüche aufdecken und zum Weiterlernen motivieren (vgl. Kursbuch 2009, S. 626).

Eine didaktische Reduktion besteht darin, dass die SuS Versuche durchführen und Ergebnisse festhalten, diese jedoch nicht physikalisch erklären müssen. Dies beinhaltet die Reflektionseigenschaften verschiedener Farben („Warum leuchten helle Farben im Dunkeln besonders gut?") sowie die genaue Funktion von Reflektoren („Wodurch leuchten Reflektoren?").

Des Weiteren schult die Unterrichtsstunde den SuS naturwissenschaftliche Denk-, Arbeits- und Handlungsweisen anzuwenden. Die SuS müssen an ihren Vorstellungen anknüpfen und Vermutungen äußern, ggf. Vorstellungen verwerfen und neue aufgreifen und sich im strukturierten Durchführen von Versuchen üben (vgl. GDSU 2013, S.39). Die naturwissenschaftliche Arbeitsweise des Durchführens von Versuchen ist den Erstklässlern noch neu. Anhand von Piktogrammen können sie sich am Verlaufsplan der Stunde orientieren.

Die Unterrichtsstunde entspricht den Kompetenzerwartungen des Lehrplans: „Die SuS untersuchen, reflektieren und beschreiben Merkmale sicherheitsorientierter Kleidung" im Bereich „Raum, Umwelt und Mobilität" mit dem Schwerpunkt „Verkehrsräume und Verkehrsmittel" (vgl. Lehrplan, S. 16) und greift die Zielsetzung der Mobilitätserziehung, durch „Erziehung zur Verkehrssicherheit" auf (vgl. Kursbuch 2009, S. 624). Für die SuS hat das Thema Lebensweltbezug kurz vor der dunklen Jahreszeit eine besonders große Bedeutung auf ihrem morgendlichen Schulweg, da sie hier neu aufgebauten Konzepte direkt anwenden und überprüfen können.

Erhebung der Lernvoraussetzungen für die konkrete Sachunterrichtsstunde

LERNANFORDERUNG	AKTUELLER LERNSTAND	HANDLUNGSKONSEQUENZEN
	in Bezug auf die Sache	
Die SuS formulieren Vermutungen zur Sichtbarkeit verschiedener Farben bei Dunkelheit. Sie greifen dabei auf ihre Vorerfahrungen zurück (Transfer).	**xxx** beteiligen sich regelmäßig an Klassengesprächen und tragen diese durch anregende Beiträge.	Ich gehe davon aus, dass sie den Transfer leisten können, auf eigene Vorerfahrungen zurückzugreifen, und diese in Vermutungen zur Sichtbarkeit verschiedener Farben bei Dunkelheit äußern können.
	xxx beteiligen sich kaum an Unterrichtsgesprächen.	Ich werde sie besonders im Blick haben um wahrzunehmen, ob sie, auch wenn sie sich nicht verbal beteiligen, aktiv mitdenken.
Sie halten ihre Beobachtungen des Versuchs fest und erkennen evtl. ihre eigenen Vorstellungen als fehlerhaft an und setzen neue Vorstellungen um, indem sie für „Anna" eine geeignete Farbwahl gut sichtbarer Kleidung bei Dunkelheit treffen.	Das Anwenden neuer Vorstellungen wird allen Kindern mehr oder weniger gut gelingen. **Xxx** könnte es besonders schwer fallen, da sie oftmals langsam und unkonzentriert arbeiten.	Ich werde immer wieder durch entsprechende Impulse die Beobachtungen des Versuchs aufzeigen und so zum erneuten nachdenken anregen.
	in Bezug auf Methoden und Medien	
	Das selbstständige Durchführen von Versuchen ist den Erstklässlern neu. Schwierigkeiten könnten vor allem für **xxx** auftreten. Ihnen fällt es öfters schwer, Aufgabenstellungen selbstständig umzusetzen.	Durch die Partnerarbeit erfahren die Kinder von selbst Unterstützung durch ihre Klassenkameraden. Treten dennoch Schwierigkeiten auf, werde ich mich den Kindern zuwenden und sie unterstützen.
Arbeitsmethode(n) des konkreten Lernbereichs	Lernbereich „Raum, Umwelt und Mobilität" „Die SuS untersuchen, reflektieren und beschreiben in Partnerarbeit Merkmale sicherheitsorientierter Kleidung." (s. LP, SU 2008)	

Lernbereichsübergreifende Arbeitsmethoden		Zum Abschluss der Stunde üben sich die SuS im Präsentieren ihrer Ergebnisse.	Beim Präsentieren und verbalen Formulieren der Ergebnisse haben noch viele Kinder xxx in der Klasse Schwierigkeiten.	Durch eine präzise Aufgabenstellung zum Präsentieren und Hilfestellungen bei der Formulierung durch Satzanfänge, kann ich die Kinder, die dabei Schwierigkeiten zeigen, unterstützen.
in Bezug auf Basiskompetenzen				
soziale Kompetenz	- Kommunikations- und Kooperationsfähigkeit		Die Partnerarbeit ist für viele Erstklässler noch eine Herausforderung und auch für die Zweitklässler in der neuen Klassenzusammenstellung ungewohnt. Es fällt ihnen teilweise noch schwer sich auf die Partnerarbeit einzulassen und die Aufgabe im gemeinsamen Austausch zu bearbeiten. Vor allem **xxx** möchte oftmals nicht mit dem vorgegebenen Partner zusammenarbeiten, da sie sich in ihrem Arbeitsniveau nicht bremsen lassen möchte.	Feste Partner für die Zeit der Unterrichtsreihe sollen den Kindern Orientierung geben. Die motivierenden Lernaufgaben können zusätzlich dazu beitragen, die Partner- bzw. Gruppenarbeit zu unterstützen. **xxx** arbeitet jetzt zusammen mit **xxx**. Da **xxx** noch sehr unselbständig arbeitet, unterstützt **xxx** ebenfalls die Gruppe.
personale Kompetenz	- Arbeits- und Leistungsverhalten		**xxx** haben einen großen Bewegungsdrang und sind sehr leicht ablenkbar. **xxx** neigen dazu bei komplizierten Aufgaben schnell aufzugeben und sich mit etwas anderem zu beschäftigen.	Durch die offene Aufgabe und den experimentellen Anreiz werden die Kinder motiviert. Sollte es dennoch dazu kommen, dass ein Kind sich überfordert fühlt, wird es durch den Partner unterstützt.
Sprache und Sprechen	- Wortschatz und Aussprache		**xxx** sind sehr zurückhaltend und formulieren selten ganze Sätze. **xxx** hat einen ausgewiesenen Förderschwerpunkt im sprachlichen Bereich.	Durch die Partnerarbeit wird jedes Kind sprachlich durch seinen/ihren Partner unterstützt.

❖ Besondere Informationen zur Lerngruppe

Das Leistungsniveau der xxx ist sehr heterogen. Die vier Kinder mit besonderem Förderbedarf erfahren derzeit Unterstützung von einer Sonderpädagogin, die sie in Mathe und Deutsch auf ihrem Niveau, durch geeignetes Material entsprechend fördert.

❖ **Darstellung des Unterrichtsverlaufes**

Methodische Entscheidungen	Begründung
Vorstellung des Stundenthemas und des Stundenverlaufs	Die SuS haben die Möglichkeit sich der Zielsetzung der Unterrichtsstunde bewusst zu werden.
Impuls: Einstiegsgeschichte „Nochmal Glück gehabt!" Gestaltete Tafel: Pappmännchen in verschiedenen hellen und dunklen Farben	Die SuS können sich ihrer Präkonzepte zur Kleiderwahl bei Dunkelheit im Straßenverkehr bewusst werden und erste Vermutungen äußern, welche Farben gut sichtbar sind. Ggf. werden bereits hier Widersprüche in Vorstellungen erkannt und als Fehlkonzepte herausgestellt.
Gemeinsames Festhalten von Vermutungen an der Tafel durch das Sortieren der Pappmännchen von hell nach dunkel.	Wichtige Vermutungen der Kinder werden an der Tafel visualisiert und dienen als Arbeitsgrundlage für die Transformation und als Gesprächsgrundlage für die Reflexion.
Klärung der Lernaufgabe	Die Lernaufgabe wird vorgestellt, Fragen und Unsicherheiten können geklärt werden.
Partnerarbeit – Durchführung der Versuche (Dunkelkammer) und Festhalten der Beobachtungen (Sortierung Pappmännchen)	Die SuS testen in Partnerarbeit verschiedene Farben in der Dunkelkammer auf ihre Sichtbarkeit. So können sie sich gegenseitig unterstützen, unterschiedliche Vorstellungen und Erklärungsvorschläge diskutieren und sich im sozialen Miteinander üben.
SuS treffen selbstständig für „Anna" (Einstiegsgeschichte) eine geeignete Farbwahl für ihren Schulweg und halten diese auf einem AB fest.	Das Auswählen der geeigneten Kleidung für „Anna" dient jedem Kind als Ergebnissicherung. So können die SuS im weiteren Verlauf der Unterrichtsreihe immer wieder auf die erarbeiteten Konzepte zurückgreifen und nach und nach ihre eigenen Vorstellungen langfristig verändern.
Schnelle SuS erarbeiten das Zusatz-AB zum Thema „Reflektoren".	Die Sus bekommen die Chance in ihrem individuellen Arbeitstempo zu arbeiten.
Die Gruppen erläutern ihre Ergebnisse mit Blick auf die Vermutungen vom Beginn der Stunde und Überarbeitung dieser.	Das Vorstellen der Ergebnisse ermöglicht allen Kindern einen Überblick über die Sichtbarkeit der verschiedenen Farben in der Dunkelkammer. Die Vermutungen werden erneut diskutiert und entweder verbessert oder bestätigt. So wird das aufgebaute Konzept gemeinsam ausdifferenziert und gefestigt.
Präsentation der Arbeitsergebnisse „AB	Einzelne Kinder stellen ihr Arbeitsergebnis vor und benennen selbstständig die gut sichtbaren Farben. Dies

Anna" vor der Klasse.	dient zur Festigung des Arbeitsergebnisses.
Zusatzaufgabe „Reflektoren" besprechen.	Die Ergebnisse werden von SuS, die das Thema schon erarbeitet vorgestellt, um ihnen die Möglichkeit einer Differenzierung im Lernangebot zu geben.

❖ Lernkomponenten

INITIATION

- Impuls: Einstiegsgeschichte: „Nochmal Glück gehabt!"
- Frage: „Was ist in der Geschichte passiert und was hätte Anna besser machen können?"
- Das Anziehen von dunkler Kleidung passend zur Geschichte, die die Vorstellungen der Kinder anregen soll

ORIENTIERUNG

- Zieltransparenz (Stundenthema am roten Faden)
- Verlaufstransparenz (Stundenverlauf an der Tafel)
- klare Arbeitsanweisungen
- Material (Dunkelkammer mit Pappmännchen) und Arbeitsblatt
- Vermutungen- und Ergebnissammlung an der Tafel (Pappmännchen)
- Zusatz: AB Reflektoren
- vorgegebene Partnerarbeit an der Tafel
- akustisches Signal zum Phasenwechsel

INTEGRATION

Die SuS knüpfen an ihre Vorstellungen zur Sichtbarkeit verschiedener Farben im Dunkeln an und verwerfen und korrigieren sie oder differenzieren diese aus.

TRANSFORMATION

- Die SuS sammeln Vermutungen zur Sichtbarkeit der verschiedenen Farben im Dunkeln.
- Die SuS führen selbstständig in Partnerarbeit einen Versuch zur Sichtbarkeit verschiedener Farben in der Dunkelkammer durch und halten ihre Beobachtungen fest.

REFLEXION

- Die Gruppen erläutern ihre Ergebnisse des Versuchs.
- Die Vorstellungen der SuS an der Tafel werden erneut diskutiert, bestätigt, gestrichen oder verbessert (Sortierung der Pappmännchen).
- Die SuS halten das Ergebnis fest, indem sie eine geeignete Farbwahl für „Annas" Kleidung in der dunklen Jahreszeit finden.

❖ Quellennachweis

- Baader, Andreas: DGUV Lernen und Gesundheit, Verkehrserziehung – Gut sichtbar. Universum Verlag. Wiesbaden, 2011.

- Bartnitzky, Horst u.a.: Sachunterricht. Grundlagen, Voraussetzungen des Lernens und Lehrens. In: Kursbuch Grundschule. Grundschulverband. Frankfurt am Main 2009, S. 626-627

- Gesellschaft für Didaktik des Sachunterrichts (Hrsg.): Perspektivrahmen Sachunterricht. Vollständige überarbeitete und erweiterte Ausgabe. Bad Heilbrunn, 2013.

- Kahlert, Joachim: Der Sachunterricht und seine Didaktik. Julius Klinkhardt. Bab Heilbrunn 2009.

- Richtlinien und Lehrpläne für die Grundschule in Nordrhein-Westfalen. 1. Auflage, 2008. Ritterbach Verlag, Frechen.

- Spitta, Philipp: Praxisbuch Mobilitätserziehung. Unterrichtsideen, Projekte und Material für die Grundschule. Berlin, 2005.

Internetquellen

- http://www.mobilekids.net (letzter Zugriff am 05.09.2014, 11:30 Uhr)

BEI GRIN MACHT SICH IHR WISSEN BEZAHLT

- Wir veröffentlichen Ihre Hausarbeit, Bachelor- und Masterarbeit

- Ihr eigenes eBook und Buch - weltweit in allen wichtigen Shops

- Verdienen Sie an jedem Verkauf

Jetzt bei www.GRIN.com hochladen und kostenlos publizieren